LEARN LINGALA

THE ULTIMATE GUIDE

By
Tracey Nyemba

"Learn Lingala - The Ultimate Guide"

Tracey Nyemba© 2020

(traceynyemba@gmail.com)

@treceigh @learnlingala

All rights reserved.

No part of this publication may be reproduced, stored in a retrieval system, stored in a database and / or published in any form or by any means, electronic, mechanical, photocopying, recording or otherwise, without the prior written permission of the publisher.

Contents

The History Of Lingala 2
NUMBERS 3
The Months 11
The Days of the Week (and Related Phrases) 14
Family Members/People 17
Parts Of The Body 23
Pronouns 29
Adverbs 33
Verbs 34
Adjectives 48
Colours 53
Foods 55
Animals 64
Household Objects 67
Everyday Words, Questions and Phrases 71
ENGLISH LINGALA MINI A-Z DICTIONARY 95

With thanks to my Father Modibo Nyemba, my mother Nyamwangela Ewango and my uncle Papy Basawula Nzomambu for their assistance and support during this project.

The History of Lingala

Lingala, the national language of the Congo, belongs to the Bantu family of Languages. The dialect which is believed to be the basis of present Lingala is Bobangi. Bobangi is spoken by the riverside residents (Bangala) all along the Congo (Zaire) River and Ubangi River between Makanza and Mbandaka in the region of Equator, Zaire.

Before Europeans arrived, the active trade carried out all along the Congo (Zaire) River enabled multiple contacts and exchanges among the populations, and the language spoken amongst them was Bobangi. The first Europeans to arrive in the region commenced to learn the Bobangi language. Bobangi was then transformed and enriched with the contribution of other Congolese and Zairean dialects to create a new language, Lingala.

After the arrival of Europeans in the late nineteenth century, Bobangi served as the language of communication between traders, travellers, soldiers, civil servant and missionaries. In 1929, Kinshasa became the capital of Zaire and subsequently Lingala became the language of more than 10 million people in the north western part of the Democratic Republic of the Congo south to its capital and the northern part of the Republic of the Congo, particularly in part of its capital, Brazzaville.

NUMBERS

Zero - Libungutulu

(lee-boon-goo-too-loo)

One - Moko

(moh-koh)

2. **Two** - Mibale

(me-bah-leh)

3. **Three** - Misato

(me-sah-too)

4. **Four** – Minei

(me-nay)

5. **Five** – Mitano

(me-tah-noh)

6. Six – Motoba

(mo-toh-bah)

7. Seven – Sambo

(sa-m-boh)

8. Eight – Muambe

(m-wam-be)

9. Nine – Libua

(lee-b-wah)

10. Ten – Zomi

(zoh-me)

11. Eleven - Zomi na moko

(zoh-me na moh-koh)

12. Twelve - Zomi na mibale

(zoh-me na me-bah-leh)

13. Thirteen - Zomi na misato

(zoh-me na me-sah-too)

14. Fourteen - Zomi na minei

(zoh-me na me-nay)

15. Fifteen - Zomi na mitano

(zoh-me na me-tah-no)

16. Sixteen - Zomi na motoba

(zoh-me na mo-toh-ba)

17. Seventeen - Zomi na sambo

(zoh-me na sah-m-boh)

18. Eighteen - Zomi na muambe

(zoh-me na m-wam-be)

19. Nineteen - Zomi na libua

(zoh-me na lee-b-wah)

20. Twenty - Ntuku mibale

(n-too-koo me-bah-leh)

21. Twenty-one - Ntuku mibale na moko

(n-too-koo me-bah-leh na moh-koh)

22. Twenty-two - Ntuku mibale na mibale

(n-too-koo me-bah-leh na me-bah-leh)

23. Twenty-three - Ntuku mibale na misato

(n-too-koo me-bah-leh na me=sah-too)

24. Twenty-four - Ntuku mibale na minei

(too-koo me-bah-leh na me-nay)

25. Twenty-five - Ntuku mibale na mitano

(n-too-koo me-bah-leh na me-tah-noh)

26. Twenty-six - Ntuku mibale na motoba

(n-too-koo me-bah-leh na mo-toh-bah)

27. Twenty-seven - Ntuku mibale na sambo

(n-too-koo me-bah-leh na sa-m-boh)

28. Twenty-eight - Ntuku mibale na muambe

(n-too-koo me-bah-leh na m-wam-be)

29. Twenty-nine - Ntuku mibale na libua

(n-too-koo me-bah-leh na lee-b-wah)

30. Thirty - Ntuku misato

(n-too-koo me-sah-too)

31. Thirty-one - Ntuku misto na moko

(n-too-koo me-sah-too na moh-koh)

32. Thirty-two - Ntuku misato na mibale

(n-too-koo me-sah-too na me bah-le

33. Thirty-three - Ntuku misato na misato

(n-too-koo me-sah-too na me-sah-too)

40. Forty - Ntuku minei

(n-too-koo me-nay)

50. Fifty - Ntuku mitano

(n-too-koo me-tah-noh)

60. Sixty - Ntuku motoba

(n-too-koo mo-toh-bah)

70. Seventy - Ntuku sambo

(n-too-koo sa-m-boh)

80. Eighty - Ntuku muambe

(n-too-koo m-wam-be)

90. Ninety - Ntuku libua

(n-too-koo lee-b-wah)

100. One hundred – Nkama

(n-kah-mah)

101. One hundred and one - Nkama moko na moko

(n-kah-mah moh-koh na moh-koh)

102. One hundred and two - Nkama moko na mibale

(n-kah-mah moh-koh na me-bah-le)

154. One hundred and fifty-four - Nkama moko na tuku mitano na mineyi

(n-kah-mah moh-koh na too-koo me-tah-no na me-nay)

1000. One thousand - Nkoto moko

(n-koh-toh moh-koh)

1000000 - One million - Kiasa moko

(kee-ah-sa moh-koh)

The Months

January - Sanza ya liboso

(san-zah ya lee-boh-soh)

February - Sanza ya mibale

(san-zah ya me-bah-leh)

March - Sanza ya misato

(san-zah ya me-sah-too)

April - Sanza ya mineyi

(san-zah ya me-nay)

May - Sanza ya mitano

(san-zah ya me-tah-noh)

June - Sanza ya motoba

(sanza ya mo-toh-bah)

July - Sanza ya sambo

(san-zah ya sa-m-boh)

August - Sanza ya muambe

(san-zah ya m-wam-be)

September - Sanza ya libua

(san-zah ya lee-b-wah)

October - Sanza ya zomi

(san-zah ya zoh-me)

November - Sanza ya zomi na moko

(san-zah ya zoh-me na moh-koh)

December - Sanza ya zomi na mibale

(san-zah ya zoh-me na me-bah-le)

The Days of the Week (and related phrases)

Monday - Mokolo mwa mosala moko

(moh-koh-loh m-wah moh-sa-lah moh-koh)

Tuesday - Mokolo mwa misala mibale

(moh-koh-loh m-wah me-sah-lah me-bah-le)

Wednesday - Mokolo mwa misala misato

(moh-koh-loh m-wah me-sah-lah me-sah-too)

Thursday - Mokolo mwa misala minei

(moh-koh-loh m-wah me-sah-lah me-nay)

Friday - Mokolo mwa misala mitano

(moh-koh-loh m-wah me-sah-lah me-tah-noh)

Saturday - Mokolo mwa poso

(moh-koh-loh m-wah me-sah-lah poh-so)

Sunday - Mokolo mwa eyenga

(moh-koh-loh m-wah me-sah-lah eh-yen-gah)

Today – lelo

(Le-lo)

This morning - ntongo oyo

(N-to-n-go oh-yoh)

In the afternoon/evening - na mpokwa

(Na m-poh-k-wa)

At night - na butu

(Na boo-too)

Tomorrow/Yesterday - lobi

(Loh-bee)

Last night - lobi na butu

(Loh-bee na boo-too)

Where were you last night? - ozalaki wapi lobi na butu?

(Oh-za-la-kee wa-pee loh- bee na boo-too)

What day is it today? - mokolo nini lelo?

(moh-ko-lo nee-nee le-loh)

Family Members/People

Dad – Tata

(Ta-ta)

Mum – Mama

(Ma-ma)

Brother - Ndeko ya mobali

(N-de koh yah moh-bah-lee)

Sister - Ndeko ya muasi

(N-de koh yah m-wah-see)

Daughter - Muana ya muasi

(M-wana ya m-wah-see)

Son - Muana ya mobali

(M-wana ya moh-bah-lee)

Woman/Girl – Muasi

(m-wah-see)

Man/Boy – Mobali

(moh-bah-lee)

Child – Muana

(m-wana)

Twin - Muana Mapasa

(m-wana mah-pa-sah)

Children – Bana

(bah-nah)

Parent – Moboti

(moh-boh-tee)

Parents – Baboti

(bah-boh-tee)

Older sibling – Yaya

(ya-ya)

Younger sibling – Leki

(leh-kee)

Uncle – *Dad's older brother* - Papa Kulutu

(pa-pa koo-loo-too)

Uncle – *Dad's younger brother* - Papa Leki

(pa-pa leh-kee)

Uncle – *Mum's male sibling, older or younger* – Noko

(noh-koh)

Auntie – *Dad's sister* - Tata mwasi

(ta-ta m-wah-see)

Auntie – *Mum's older sister* - Mama Kulutu

(ma-ma koo-loo-too)

Auntie – *Mum's younger sister* - Mama Leki

(ma-ma leh-kee)

Wife – Mwasi

(m-wah-see)

Mobali – Husband

(moh-bah-lee)

Father of children - Tata ya bana

(ta-ta ya bah-nah)

Mother of children - Mama na bana

(ma-ma na bah-nah)

Brother in law – Bokilo

(boh-kee-loh)

Sister in law – *Semeki*

(see-meh-kee)

Grandmother - Mama Nkoko

(ma-ma n-koh-koh)

Grandfather - Papa Nkoko

(pa-pa n-koh-koh)

Old – Mukolo

(mu-koh-loh)

Young – Elenge

(E-len-geh)

People – Batu

(Bah-too)

Friend – Moninga

(Moh-neen-gah)

Parts of the Body

Human body - Nzoto ya mutu

(n-zoh toh ya moo-too)

Bone – Mukuwa

(moo-koo-wah)

Brain – Bongo

(bon-goh)

Head – Mutu

(moo-too)

Forehead – Ebolo

(eh-boh-loh)

Face – Elongi

(eh-lon-gee)

Cheek – Litama

(lee-tah-mah)

Ear(s) - Litoyi, (Matoyi)

(lee-toy-ee, mah-toy-ee)

Eye(s) - Lisu, (Misu)

(lee-soo, mee-soo)

Nose – Zolo

(zoh-loh)

Mouth – Munoko

(moo-n noh-koh)

Chin – Mbanga

(m-ban-gah)

Throat – Mungongo

(moo-n n-goh n-goh)

Lips – Mbebo

(m-beh-boh)

Tongue – Lolemu

(loh-leh-moo)

Tooth/Teeth – Linu/Mino

(lee-noh, me-noh)

Neck – Nkingo

(n-kee-n goh)

Arm(s) – Liboko (Maboko)

(lee-boh-koh, mah-boh-koh)

Armpits – Mapeka

(mah-peh-kah)

Hand(s) – Loboko (Maboko)

(loh-boh-koh, mah-boh-koh)

Finger(s) – Mosapi (Misapi)

(moh-sah-pee, mi-sah-pee)

Nail – Linzaga

(lee-n-zah-kah)

Chest – Ntolo

(n-toh-loh)

Back – Mokongo
(moh-koh-n-go)

Stomach – Libumu
(lee-boo-moo)

Belly button – Mutolo
(moh-too-loo)

Breast(s) – Libele (Mabele)
(lee-beh-le, mah-beh-le)

Penis – Likata
(lee-kah-tah)

Vagina – Libolo
(lee-boh-loh)

Buttock(s) – Masoko (Lisoko)
(mah-soh-koh, lee-soh-koh)

Anus – Lifuni
(lee-foo-ni)

Hip – Loketo
(loh-keh-toh)

Thigh – Mopende
(moh-pen-deh)

Knee – Libongolo
(lee-bon-goh-loh)

Leg(s) – Makolo, Lokolo
(mah-koh-loh, loh-koh-loh)

Foot/Feet – Litambe, Matambe
(lee-tam-beh, mah-tam-beh)

Toe – Mosapi ya makolo
(moh-sah-pee ya mah-koh-loh)

Skin - Loposo
(loh-poh-soh)

Heart – Motema
(moh-teh-mah)

Muscle – Mosisa

(moh-see-sah)

Blood – Makila

(mah-kee-lah)

Hair – Suki

(soo-kee)

Beard – Mandefu

(man-deh-foo)

Kunza – Body hair

(koo-n-zah)

Pronouns

I/Me/My/Mine – Ngai

(n-gah-yee)

You – Yo

(yoh)

He/She – A

(ah)

Hers/His - Ye

(yeh)

We – To

(toh)

They are – Baza

(bah-zah)

Them – Bango

(bah-n-goh)

Us – Biso

(bee-soh)

Yours - Ya yo

(yah yoh)

It – E

(eh)

Myself - Ngai moko

(n-gah-yee moh-koh)

Yourself - Yo moko

(yoh moh-koh)

Himself/Herself - Ye moko

(yeh moh-koh)

Itself - Yango moko

(yah-n-goh moh-koh)

Ourselves - Biso moko

(bee-soh moh-koh)

Themselves - Bango moko

(bah-n-goh moh-koh)

Yourselves - Bino moko

(bee-no moh-koh)

This – oyo

(oh-yoh)

That – Wana

(wah-nah)

Adverbs

Here – Awa
(ah-wah)

There – Kuna
(koo-nah)

Up – Likolo
(lee-koh-loh)

Down – Nase
(nah-seh)

Near/Close – Pembeni
(pem-beh-nee)

Far/Away – Musika
(moo-see-kah)

Verbs

To be – Kozala
(koh-zah-lah)

To begin/start – Kobanda
(koh-bun-dah)

To stop – Kotika
(tee-kah)

To end – Kosilisa
(ko-see-lee-sah)

To find – Komona
(koh-moh-nah)

To lose – *Kobungisa*
(koh-boon-gee-sah)

To think – Kokanisa
(koh-kan-i-sah)

To give – Kopesa
(ko-peh-sah)

To take – Kozua
(Ko-z-wah)

To steal – Koyiba
(koh-yee-bah)

To hide/To keep – Kobomba
(koh-bo-m-bah)

To come – Koya
(koh-yah)

To leave – Kolongwa
(koh-lon-g-wah)

To go – Kokende
(koh-ken-deh)

To go back – Kozonga

(koh-zo-n-gah)

To meet – Kokutana

(ko-koo-tah-nah)

To say/speak – Koloba

(koh-loh-bah)

To pray – Kosambela

(koh-sam-beh-lah)

To preach – Koteya

(koh-teh-yah)

To see – Komona

(koh-moh-nah)

To look – Kotala

(koh-tah-lah)

To hear – Koyoka

(koh-yoh-kah)

To touch – Kosimba

(koh-see-m-bah)

To come – Koya

(koh-yah)

To come from – Kowuta

(koh-woo-tah)

To come back – Kozonga

(koh-zon-gah)

To sell – Koteka

(koh-teh-kah)

To buy – Kosomba

(ko-som-bah)

To insult – Kofinga

(koh-fi-n-gah)

To be sick – Kobela

(koh beh-lah)

To get better – Kobika
(koh-bee-kah)

To lie – Kokosa
(koh-koh-sah)

To put – Ko-cha
(ko-t-ch-ah)

To put inside – Kokotisa
(koh-koh-tee-sah)

To remove – *Kolongola*
(ko-lon-goh-lah)

To walk – Kotambola
(koh-tam-boh-lah)

To run – Kokima
(koh-ki-mah)

To climb – Komata
(koh mah-tah)

To descend – Kokita

(ko-kee-tah)

To fall – kokueya

(ko-k-weh-ya)

To play – Kosakana

(koh-sah-kah-nah)

To fight – Kobunda

(koh-boo-n-dah)

To argue – Koswana

(koh-s-wah-nah)

To worry – Komisala

(koh-me-sah-lah)

To boil – *Kotoka*

(koh toh-kah)

To fry – Kokalinga

(koh-kah-lin-gah)

To cook – Kolamba
(koh-lam-bah)

To eat – Kolia
(koh-lee-a)

To drink - Komela
(koh-meh-lah)

To vomit - Kosanza
(koh-sa-n-zah)

To believe/accept – Kondima
(koh-n-dee-mah)

To refuse/reject – Koboya
(koh-boh-yah)

To deny – Kowangana
(koh-wan-gah-nah)

To send – Kotinda
(koh-tee-n-dah)

To leave – Kolongwa

(koh-lon-g-wah)

To arrive – *Kokomela*

(koh-koh-meh-lah)

To hold - Kosimba

(koh-see-m-bah)

To get – Kozua

(koh-z-wah)

To fix – Kobonga

(koh-bo-n-gah)

To make – Kosala

(koh-sah-lah)

To build/construct – Kotonga

(koh-ton-gah)

To cut/break – Kokata

(koh-kah-tah)

To smash – Kopasuka

(koh-pa-soo-kah)

To spread – Kopanza

(koh-pan-zah)

To grow – Kokola

(koh-koh-lah)

To leave – Kotika

(koh-tee-kah)

To add – Kobakisa

(koh-bah-kee-sah)

To remove – Kolongola

(koh-lon-goh-lah)

To stick – Kolana

(koh-lah-nah)

To have – Kozalana

(koh-zah-lah-nah)

To lack – Kozanga

(koh-zan-gah)

To keep – Kombomba

(koh-bom-bah)

To throw away – *Kobuaka*

(koh-b-wah-kah)

To hang – Komidiembika

(koh-me-d-em-bee-kah)

To stand – Kotelema

(koh-teh-leh-mah)

To sit – Kovanda

(koh-van-dah)

To do – Koala

(koh-ah-lah)

To show – Kolakisa

(koh-lah-kee-sah)

To choose – Kopona

(koh-poh-nah)

To work – Kosala

(koh-sah-lah)

To study – Kotanga

(koh-tan-gah)

To read – Kotanga

(koh-tun-gah)

To write – Kokoma

(koh-koh-mah)

To learn – Koyekola

(koh-yeh-koh-lah)

To teach – Kotangisa

(koh-tan-gee-sah)

To call – Kobenga

(koh-ben-gah)

To shout – Koganga

(koh-gan-n-ga)

To sing – Koyemba

(ko-yeh-m-bah)

To dance – Kobina

(koh-bee-nah)

To talk – Koloba

(koh-loh-bah)

To laugh - Koseka

(ko-seh-kah)

To make laugh – Kosekisa

(koh-seh-kee-sah)

To be happy – Kosepela

(koh-seh-peh-lah)

To be sad – Kozala na mawa

(koh-zah-lah na mah-wah)

To cry – Kolela

(koh-leh-lah)

To know – Koyeba

(koh-yeh-bah)

To deny – Kouangana

(koh-wah-n-gah-nah)

To fear – Kobanga

(koh-ban-gah)

To sleep – Kolala

(koh-lah-lah)

To wake up – Kolongwa

(koh-lon-g-wah)

To become – Kokoma

(koh-koh-mah)

To draw – Kobenda

(koh-ben-dah)

To follow – Kolanda

(koh-lan-dah)

To like/love – Kolinga

(koh-lee-n-ga)

To hug – Koyamba

(koh-yam-bah)

To hate – Koyina

(koh-yee-nah)

To give birth – Kobota

(koh-boh-tah)

To die – Kokufa

(koh-koo-fah)

To shake – Koningana

(koh-nee-n-gah-nah)

To be different – Kokesana

(koh-keh-sah-nah)

Adjectives

Beautiful – Kitoko
(kee-toh-koh)

Good – Malamu
(mah-lah-moo)

Bad/Ugly – Mabe
(mah-beh)

Big/Fat – Munene
(moo-neh-neh)

Small/Thin – Muke
(moo-keh)

Tall – Molayi
(moh-la-y-ee)

Short – Mukuse

(moo-koo-seh)

Angry/Anger – Kanda

(kah-n-dah)

Happy – Esengo

(e-sen-goh)

Sad – Mawa

(mah-wah)

Embarrassed – Soni

(soh-nee)

Dark – Muindu

(m-win-do)

Light – Pembe

(pem-beh)

Hot – Moto

(moh-toh)

Cold – Malili
(mah-lee-lee)

Old – Mobange
(mo-ban-geh)

Young – Elenge
(e-len-geh)

Crazy – Liboma
(lee-boh-mah)

Clever – Mayele
(mah-yeh-leh)

Stupid – Zoba
(zoh-bah)

Lazy – Bolembu
(boh-lem-boo)

Slow – Malembe
(mah-lem-beh)

Fast – Mbangu

(m-bun-goo)

Noisy - makelele

(mah-keh-leh-leh)

Quiet – Nie

(n-yeh)

Clean – Bopeto

(boh-peh-toh)

Dirty - Bosoto

(boh-soh-toh)

Soft – Pete

(peh-teh)

Hard – Makasi

(mah-kah-see)

Thick – Epese

(eh-peh-she)

Sweet – Sukali

(soo-kah-lee)

Salty – Mungua

(moon-g-wah)

Sour – Ngaingai

(n-gah-ee-n-gah-ee)

Bitter – Bololo

(boh-loh-loh)

Smooth – Moselu

(moh-seh-loo)

Sunny – Moyi

(moh-yee)

Colours

Black – Mwindu

(m-wee-n-doo)

White – Mpembe

(m-pem-m-beh)

Grey – Mbwi

(m-b-wee)

Blue – Bule

(bu-leh)

Green – Langi ya pondu

(lan-gee ya pon-doo)

Yellow – Bondobo

(bon-doh-boh)

Brown – Langi ya kawa

(lan-gee ya kah-wah)

Orange - Langi ya Malala

(lan-gee ya mah-lah-lah)

Red – Ngola

(n-goh-lah)

Purple – Longondo

(lon-gon-doh)

Foods

Bread and butter - Lipa na manteka

(Lee-pa na man-teh-kah)

Cassava bread - Mongwele

(mon-g-weh-leh)

Eggs- Makei

(mah-kee)

Boiled egg - Likei ya kolambama

(lee-kee ya koh-lam-ba-ma)

Fried eggs - Makei ya kokalangama

(mah-kee ya koh-ka-lan-ga-ma)

Raw egg - Likei ya mobesu

(lee-kee ya moh-beh-soo)

Honey – Mafuta ya nzoi

(mah-foo-ta ya n-zo-ee)

Avocado – Avoca

(ah-vo-cah)

Banana – Bitabe

(bee-ta-beh)

Plantain – Makemba

(mah-kem-bah)

Orange – Lilala

(lee-la-la)

Lemon – Ndimo

(n-deem-bo)

Coconut – Kokoti

(ko-ko-tee)

Papaya - Pai pai

(pie – pie)

Guava – Lipela

(lee-pe-lah)

Grapefruit - Lilala ya bololo

(lee-lah-lah ya boh-loh-loh)

Mango – Lingolo

(lee-n-goh-loh)

Ham - Ebelo ya ngulu

(eh-beh-loh ya n-goo-loo)

Salt - Mungwa

(moo-n g-wah)

Sugar - Sukali

(soo-ka-lee)

Water – Mai

(mah-yee)

Milk - mabele/miliki

(ma-beh-leh/mee-lee-kee)

Orange juice - Mai ya lilala

(mah-yee ya lee-lah-lah)

Tea - ti

(Tee)

Coffee - Kawa

(kah-wah)

Beer - Masanga

(ma-sah-n-gah)

Animal/Meat – Niama

(nee-ah-ma)

Beef - Ngombe

(n-goh-m-beh)

Goat - Ntaba

(n-tah-bah)

Chicken - Soso

(so-so)

Mutton - Mpata

(m-pah-tah)

Lamb - Mpata

(m-pah-tah)

Pork - Ngulu

(n-goo-loo)

Duck - Libata

(lee-bah-tah)

Crab - Lingatu

(leen-gah-too)

Eel - Mokamba

(moh-kam-bah)

Fish - Mbisi

(m-bee-see)

Salted fish - Makayabu

(mah-kah-yah-boh)

Smoked fish - Mbisi ya kokokama

(m-bee-see ya koh-koh-kah-mah)

Sardines - selenge

(seh-len-geh)

Shrimp - Monsanya

(moh-n-san-ya)

Vegetable - Ndunda

(n-doo-n-dah)

Cassava leaf - Mpondu

(m-pon-doo)

Eggplant/aubergine - Ngungutu

(n-goo-n-goo-too)

Onions - Litungulu

(lee-too-n-goo-loo)

Garlic - Litungulu ngenge

(lee-too-n-goo-loo n-ge-n-ge)

Yam - Mbala

(m-bah-lah)

Rice - loso

(loh-soh)

Beans - Madesu

(mah-deh-soo)

Tomatoes - Tomati

(toh-ma-tee)

Oil – Mafuta

(ma-foo-tah)

Pepper - Pilipili

(pee-lee-pee-lee)

Animals

Baboon - Mboma

(m-bo-ma)

Buffalo - Nzale

(n-zah-leh)

Chimpanzee - Mokomboso

(moh-koh-m-boh-soh)

Crocodile - Ngando

(n-gah-n-doh)

Elephant - Nzoku

(n-zo-koo)

Giraffe - Zirafe

(zee-ra-fe)

Hyena - Yene

(ye-ne)

Hippopotamus - Ngubu

(n-goo-boo)

Leopard - Nkoi

(n-ko-ee)

Lion - Nkosi

(n-koh-see)

Monkey – Makaku

(mah-kah-koo)

Python - Nguma

(n-goo-mah)

Wild Boar - Lingongo

(lee-n-goh-n-goh)

Zebra - Godu

(go-doo)

Household Objects

Food – Bileyi

(bee-lay-ee)

House – Ndaku

(n-da-koo)

Living room – Esika ya masolo

(eh-see-kah ya ma-soh-loh)

Bedroom – Elalelo

(e-lah-loh)

Bathroom – Kikoso

(kee-koh-soh)

Mirror – Tala tala

(tah-lah tah-lah)

Garden/Land – Elanga

(eh-lan-gah)

Key – Fungola

(foon-goh-lah)

Table – Mesa

(meh-sah)

Chair – Kiti

(kee-tee)

Bed – Mbeto

(m-beh-toh)

Plate – Sani

(sah-nee)

**Spoon – ** Lutu

(loo-too)

**Folk – ** Kanya

(kun-yah)

**Knife – ** Mbeli

(m-beh-lee)

**Cup – ** Kupo

(koh-poh)

**Sieve – ** Kiyungulu

(kee-yoo-n-goo-loo)

Pot – Nzungu

(n-zoo-n-goo)

Kettle – Mbilika

(m-bee-lee-kah)

Soap – Saboni

(sa-bo-nee)

Sponge – Linyuka

(lee-n-yoo-kah)

Everyday Words, Questions and Phrases

Welcome – Boyei bolamu

(boh-yey boh-lah-moo)

What is your name? - nkombo na yo ezali nini?

(n-koh-m-boh na yo eh-za-lee nee-nee)

My name is...(John) - nkombo na ngai ezali (John)

(n-koh m-boh na n-ga-ee eh-za-lee John)

How are you? - Sango nini?

(sa-n-goh nee-nee)

I am well / Nothing is new – Sango te

(sa-n-goh teh)

I am fine - nazali malamu

(na-za-lee ma-la-moo)

Fine, thanks. And you? - Malamu, melesi. Na yo?

(mah-lah-moo me-le-see. na yo)

How old are you- Ozali na mbula boni?

(oh-zah-lee nah m-boo-lah boh-nee)

How old is he/she? - Azali na mbula boni?

(ah-zah-lee nah m-boo-lah boh-nee)

I am 20 years old – Nazali na mbula ntuku mibale

(ah-zah-lee na m-boo-lah n-too-koo me-ba-leh)

He/She is twenty years old - Azali na mbula ntuku mibale

(ah-zah-lee na m-boo-lah n-too-koo me-ba-leh)

Where are you from? - *O wuti wapi*

(o woo-tee wah-pee)

I am from London – Nauti na Londres

(na-woo-tee na London)

Where do you live? - *O vandaka wapi?*

(o van-dah-kah wah-pee)

I live in London - Na vandaka na London

(na van-dah-kah na London)

Do you speak Lingala? – O lobaka Lingala

(o loh-bah-kah Lingala)

I do speak Lingala – *Na lobaka Lingala*

(na loh-bah-kah Lingala)

I do not speak Lingala – *Na lobaka Lingala te*

(na loh-bah-kah Lingala te)

Do you come here often? - *O yakaka awa mingi?*

(o yah-kah-kah ah-wah meen-gee)

I do come here often – *Na yakaka awa mingi*

(na yah-kah-kah a-wah meen-gee)

I do not come here often – *Na yakaka awa mingi te*

(na yah-kah-kah a-wah meen-gee teh)

I am here on vacation - *nazali awa na bopemi*

(na-za-lee ah-wah na boh-peh-mee)

I am in a hurry - *ngai nazali na mbangu*

(n-gah-ee nah-zah-lee nah m-bah-n-goo)

Never mind - komona mpasi te

(koh-moh na m-pah-see teh)

Where are you going - okei wapi?

(o-ke-ee wah-pee)

I am going to visit... - nakokende kotala

(na-koh-keh-n-deh koh-tah-lah)

I will come this morning - Na ko ya na mbokwa

(na koh ya na m-boh-k-wah)

I will come this afternoon/evening - Na ko ya na mbokwa

(na koh ya na m-boh-k-wah)

I am a student - nazali moyekoli

(na-za-lee moh-yeh-koh-lee)

I am learning Lingala – nazali koyekola Lingala

(na-za-lee ko ye-ko-la Lingala)

I work – na salaka

(na-sa-la ka)

I do not work - nasalaka tse

(na-sa-la ka-te)

I am married - na bala

(na ba-la)

This is my wife - Oyo mwasi na ngai

(o-yoh m-wah-see na n-gah-ee)

Is this your husband? - Oyo mobali nayo?

(o-yoh moh-ba-lee na yo)

I am not married/ I am single - *na bala te*

(na ba-la te)

Come here - yaka awa

(yah-kah ah-wah)

I am hungry - nazali na nzala

(na-za-lee na n-za-la)

Today I will cook - Lelo na ko lamba

(le loh na koh lam-ba)

I am thirsty for water - nazali na mposa ya mayi

(na-za-lee na m-poh-sa ya ma-yee)

Give me water – pesa ngai mayi

(peh-sah n-ga-ee ma-yee

I am tired - nalembi

(na-lem-bee)

I am going to sleep - Nazali ko kende ko lala

(na za lee koh ken-de koh lala)

Please – Soki okosepela

(soh-kee o-koh seh-peh-lah)

Thank you – Botondi

(boh-ton-dee)

You are welcome – Likambo te

(lee-kum-boo-teh)

Sorry – Limbisa ngai

(leem-be sah n-gah-ee)

I understand - Nayoki

(nah-yoh-kee)

I do not understand - Nayoki te

(na-yoh-kee teh)

I know - Nayebi

(nah-yeh-be)

I do not know – Nayebi te

(nah-yeh-be teh)

Why - Mpona nini?

(m-poh-nah nee-nee)

What - Nini?

(nee-nee)

Who – Nani

(nah-nee)

Where? - Wapi?

(wah-pee)

Where is it? - Ezali wapi?

(eh-zah-lee wah-pee)

Stop – Tika

(tee-kah)

Come – Yaka

(yah-kah)

Come here – Yaka awa

(yah-kah ah-wah)

Go – Kende

(ken-deh)

How/How much? /How many? - Boni?

(boh-nee)

How far? – Ntaka nini?

(n-tah-kah nee-nee)

How long? - Eleko boni?

(eh-leh-koh boh-nee)

When? - Ntango /eleko nini?

(n-tan-goh / eh-leh-koh nee-nee

Who is that? - Nani wana

(na-nee wah-nah)

What is this/is? - Nini boye?

(nee-nee boh-yeh)

What is this for? - Ntina ya oyo nini?

(n-tee-na ya oh-yoh nee-nee)

What is it called? - Nkombo ya oyo nini?

(n-koh-m-boh ya oh-yoh nee-nee)

This is – Oyo ezali

(o-yoh eh-za-lee)

What is the matter? - Likambo nini?

(lee-kam-boh nee-nee)

Nothing - Lokambo te

(lee-kam-boh teh)

What do they call this? - Ba bengaka oyo nini

(ba ben-gah-kah o-yoh nee-nee)

Can you show me...? Okoki kolakisa ngai...

(O-koh-kee ko-lah-kee-sa n-ga-ee)

It is over there – Ezali kuna

(eh-za-lee koo-nah)

What time is it? Ntango nini sikoyo?

(n-tan-goh nee-nee see-ko-yo)

It is five o'clock - Ntango ekomi na ngonga mitano

(n-tan-goh eh-koh-mee na n-goh-n-gah me-ta-noh)

I am lost - Nabungi

(na-boon-gee)

I have lost my way - Nabungi nzela

(na-boon-gee n-zeh-lah)

I have lost my bag - nabungisi saki na ngai

(na-boon-gee-see sa-kee na n-gah-ee)

I have forgotten my way - Nabosani nzela

(na-boh-sah-nee n-zeh-lah)

Please help me - Salisa nga, palado

(sah-lee-sah n-gah-ee pa-lah-doh)

I am sick - Nazali kobela

(na-za-lee koh-beh-lah)

I do not feel well - Nayoki malamu te

(na-yoh-kee mah-lah-moo teh)

Get a doctor - Benga monganga

(beh-n-gah moh n-gan-ga)

Call the police - Benga pulusi

(beh-n-gah moh-n-gan-ga)

Be careful - Keba

(keh-bah)

Fire - Moto

(Moh-toh)

Be quick - sala noki

(sah-lah no-kee)

Best wishes/Good luck - Bolamu

(boh-lah-moo)

Congratulations/Praises - Kumbisama

(koom-bee-sah-mah)

Have a good trip - Mobembo malamu

(moh beh m-boh mah-lah-moo)

Merry Christmas - Mbotama elamu

(m-boh-tah-mah eh-lah-moo)

Happy birthday - Mbotama elamu

(m-boh-tah-mah eh-lah-moo

Happy New Year - Mobu molamu

(moh-boo *moh-lah-moo)*

Happy Easter - Pasika elamu

(pa-see-ka eh-lah-moo

Give my regards to John – Pesa ngai John mbote

(peh-seh n-gah ee John m-boh-teh)

We are at the hotel – Tozali na elalelo ya ba paya

(toh-zah-lee na eh-lah-leh-loh ya ba-pa-ya)

Do you have any rooms available? - o zali na suku ya pamba?

(o-za-lee na soo-koo yah pam-bah)

May I see the room? Nakoki kotala suku?

(nah-koh-kee koh-tah-lah soo-koo)

I do not like it - Nalingi yango te

(nah-leen gee yan-goh-teh)

This is too small - Oyo eleki moke

(o-yo eh-leh-kee moh-keh)

I would like a room - Nalingi suku moko

(na-leen-gee soo-koo moh-koh)

With a double bed - Na mbeto moko ya monene

(na m-beh-toh moh-koh ya moh-neh-neh)

With twin beds - Na mbeto mibale ekangama

(na m-beh-toh mee-bah-leh eh-kan-gah-mah)

With a bathroom - Na esukolelo

(na eh-soo-koh-leh-loh)

At the front - na liboso

(nah lee-boh-soh)

At the back - na sima

(nah see-mah)

We will be staying – Tokolala

(toh-koh-lah-lah)

Overnight - butu moko

(boo-too moh-koh

Two days - mikolo mibale

(mee-koh-loh mee-bah-leh)

A week - poso moko

(poh-soh moh-koh)

A fortnight - poso mibale

(poh-soh mee-bah-leh)

It is too cold – **Ezali** malili makasi

(mah-lee-lee mah-kah-see)

It is too dark – Ezali molili makasi

(moh-lee-lee mah-kah-see)

Give me a large room - Pesa ngai suku monene

(peh-sah n-ga-ee soo-koo moh-neh-neh)

What is the price? - Ntalo ezali boni?

(n-tah loh eh-za-lee boh-nee)

I will take it - Nakokamata yango

(nah-koh-ka-ma-ta yan-goh)

My key, please - Lifungola na ngai, palado

(lee-foon-goh-lah ya n-gah-ee pa-la-do)

Waiter - Mosaleli ya mobali

(moh-sah-leh-lee ya moh-bah-lee)

Waitress - Mosaleli ya mwasi

(moh-sah-leh-lee ya m-wah-see)

Can I have the menu please - Kalati ya bilei, soki o ko sepela

(kah-lah-tee ya bee-leh-ee, soh—kee oh-ko-sep-el-lah)

Meal - Mole

(moh-leh)

Breakfast - Bilei ya ntongo

Bee-leh-ee ya nto'-ngo'

Lunch - Bilei ya moyi

(bee-leh-ee ya moh-yee)

Dinner - Bilei ya mpokwa

(bee-leh-ee ya m-poh-k-wah)

What would you like? - Olingi nini?

(oh-leen-gee nee-nee)

May I have...? Nakoki kozwa...?

(na-koh-kee koh-z-wah)

Have you had enough/Are you full? - Otondi?

(oh-ton-dee)

I have had enough/ am full - Natondi

(na-ton-dee)

That is enough right - Ekoki

(eh-koh-kee)

It is good - Ezali malamu

(eh-za-lee mah-lah-moo)

It is bad – Ezali mabe

(eh-zah-lee-mah-beh)

ENGLISH LINGALA

MINI A-Z DICTIONARY

Abbreviation
Namokuse
(Nah-moo-koo-she)

adj - adjective
ebakemeli
(eh-bah-kem-e-lee)

adv - adverb
ebotisa
(eh-boh-tee-sah)

conj - conjunction
etonga mpo
(eh-ton-goh-poh)

int - interjection
belela
(beh-leh-lah)

med – medical term
mino
(mee-noh)

n - noun

nkombo

(n-kom-boh)

o.s – oneself

ye moko

(yeh moh-koh)

pl - plural

boyike

(bee-yee-keh)

prep - preposition

ebembisa

(eh-bem-bee-see)

pron - pronoun

ekitana

(eh-kee-tah-nah)

rel – religion

mambi ma nzambe

(mam-bee ma n-zam-beh)

sb - somebody

mutu moko

(moo-too moh-koh)

sth - something

eloko moko

(eh-loh-koh moh-koh)

v – verb

elobisa

(e-loh-bee-sah)

A

able adj. kokoka [koh-koh-ka]

about adv. Soko [soh –koh]

above adv. Na likolo [na-lee-koh-loh]

accident n. likama [lee-kam-ah]

add v. kobakisa [koh-ba-kee-sa]

advice v. toli [toh-lee]

advise v. kolaka [koh-lah-kah]

afraid adj. kobanga [koh-bah-n-ga]

after prep. nsima [n-see-mah]

afternoon n. mpokwa [m-poh-k-wah]

again adv. lisusu [lee-soo-soo]

age n. eleko, mobu [eh-leh-koh, moh-boo]

agree v. kondima [koh-ndee-mah]

air n. mpema [m-peh-mah]

airplane n. mpepo [m-peh-poh]

airport n. libanda ya pepo [lee-ba-n-dah ya peh-poh]

alcohol n. masanga [mah-san-gah]

alive adj. na bomoi [na boh-moh-ee]

all adj./pron. - nyoso, mobimba [nyo-so, moh-beem-bah]

allow v. kolingisa [koh-leen-gee-sah]

almost adv. mbele [m-beh-leh]

alone adj. ngai moko [n-gah-ee moh-koh]

along pron. esika moko [eh-see-ka moh-koh]

already adv. kalakala [kah-lah kah-lah]

always adv. mikolo minso [mee-koh-loh mee-n-soh]

and conj. na, mpe [na, m-peh]

anger n. nkanda [n-kah-n-dah]

animal n. niama [n-ya-mah], (pl.) banyama

answer 1. n. eyano [eh-ya-noh] 2. v koyanola [koh-ya-noh-la]

antelope n. mboloko, mbuli [m-boh-loh- koh, m-boo-lee]

appetite n. mposa [m-poh-sah]

around prep. (place) zongazonga [zoh-n-gah-zoh-n-gah]

arrange v. kobongisa [koh-boh-n-gee-sah]

arrival 1.n. boyei [boh-yeh-ee]

arrive v koya, kokoma [koh-yah-a, koh-koh-mah]

at v. kokomela [koh-koh-meh-lah]

art n. ntoki [n-toh-kee]

as adv. lokola [loh-koh-la]

ashamed adj. soni [soh-nee]

ask v. kosenga, kotuna [koh-seh-n-gah, koh-too-nah]

ask for v. kobondela [koh-boh-n-deh-lah]

asleep 1. adj. - lali [lah-lee] 2. v. be a. kolala [ko-lah-lah]: he's a. alali [a lah-lee]

awake v. kolongola [koh-loh-n-goh-lah]

awful adj. nsomo [n-soh-moh]

axe n. soka [so-kah]

B

baby n. mwana m-wah-nah]

babysitter n. mokengeli ya mwana [moh-ken-geh-lee ya m-wah-nah]

back n. 1. (body) mokongo [moh-kon-goh] 2. nsima (direction) [n-see-mah]

bad adj. mabe [mah-beh]

bag n. saki, libenga [sah-kee, lee-beh-n-gah]

baggage n. biloko [bee-loh-koh]

bald adj. libata [lee-bah-tah]

ball n. ndembo [n-deh-m-boh]

bamboo n. mbanzi, linkeke [m-ban-zee, lee-n-keh-keh]

banana n. ntela [n-teh-lah], (pl.) mintela

baptism n. batisimu [bah-tee-see-moo]

bargain v. kokakola [koh-kah-koh-lah]

barber n. mokati-nsuki [moh-ka-tee n-soo-kee]

barrel n. (of oil) pipa [pee-pah]

basket n. ekolo [eh-koh-loh]

be v. kozala [koh-zah-lah]

beach n. libongo [lee-boh-n-goh]

beans n. madesu [mah-deh-soo]

beard n. mandefu [man-deh-foo]

beat v. (strike) kobeta [koh-beh-tah]

beautiful adj. kitoko [kee-toh-koh]

because conj. mpo [m-poh] (of = na)

bed n. mbeto [m-beh-toh]

bedroom n. elalelo [eh-la-leh-loh]

beef n. niama ya ngombe [nya-mah ya n-goh-m-beh]

before abv. liboso [lee-boh-soh]

begin v. kobanda [koh-ba-n-dah]

beginning n. ebandeli [eh-ban-deh-lee]

behind adv. / prep. nsima [n-see-mah]

believe v. kondima, [koh-n dee-mah]

bell n. ngonga [n-goh-n-gah]

below prep. na nse [na-n-seh]

bench n. (seat) etanda [eh-tan-dah]

bet n. mondenge [moh-n-deh-n-geh]

better adj. eleki malamu [eh-leh-kee ma-lah-moo]

between prep. o ntaka [oh n-tah-kah]

blue adj. bule [boo-leh]

boat n. masuwa [mah-soo-wah]

body n. nzoto [n-zoh-toh]

boil 1. n. (med.) matungana [ma-too-n-gah-nah] 2. v. kolamba [koh-la-m-bah]

bone n. mokuwa [mo-koo-wah]

book n. buku [boo-koo]

boot n. (shoe) botte [bot]

border n. (country) ndelo [n-deh-loh]

borrow v. kodefa [koh-deh-fah]

botany n. zeby za bitwele [zeh-bee za beet-weh-leh]

bottle n. molangi [moh-lan-gee]

bottom n. 1. (of something etc.) nse [n-seh] 2. (body part)

lisoko, [lee-soh-koh], pl. masoko

bowl n. (for food) kopo [koh-poh]

box n. sanduku [san-doo-koo]

boy n. mwana mobali [m-wah-nah moh-bah-lee]

bracelet n. ekomo [eh-ko-moh]

brain n. bongo [boh-n-goh]

bread n. lipa [lee-pah], (pl.) mapa

break v. kobuka, kopaswana [koh-boo-ka, koh-pah-s-wah-nah]

breakfast n. bile ya ntongo [bee-leh ya n-toh-n-goh]

breast n. libele [lee-beh-leh], (pl.) mabele

bridge n. etalaka [eh-ta-la-kah]

bring v. koyela, komemela [koh-yeh-lah, koh-meh-meh-lah]

brook n. (stream) moluka [moh-loo-kah]

broom n. ndeko [n-deh-koh]

brother-in-law n. bokilo [boh-kee-loh]

brown adj. langi ya kawa [lan-gee ya kah-wah]

bucket n. (pail) katini [ka-tee-nee]

build v. kotonga [koh-ton-gah]

builder n. motongi-ndako [moh-ton-gee n-dah-koh]

building n. ndako [n-dah-koh]

burn v. kotumba [koh-toom-bah]

bury v. kokunda [koh-koon-dah]

bus n. otobisi [oh-toh-bee-see]

bush n. zamba, [zam-bah]

bushmeat n. niama ya zamba [nya-ma ya zam-bah]

business n. mombongo [mom-bon-goh]

businessman n. moto ya mombongo [moh-toh ya mom-bon-goh]

but conj. kasi [kah-see]

butcher n. moteki-nyama [moh-teh-kee n-yah-mah]

button n. lifungu [lee-foon-goo]

buy v. kosomba [koh-soh-m-bah]

buyer n. mosombi [moh-soh-m-bee]

by prep. na, o [na, oh]

C

calendar n. manaka [mah-nah-kah]

call v. kobenga [koh-ben-gah]

calm v. kobondela [koh-bon-de-lah]

camel n. kamela [kah-meh-lah]

camping n. molako [moh-lah-koh]

can 1. n. (of oil) engwongolo [en-g-woh-n-goh-loh] 2. v. can (be able) kokoka [koh-koh-ka] I can nakoki [nah-koh-kee]

candle n. buzi [boo-zee]

car n. motuka [moh-too-kah]

card n. kalati [kah-lah-tee]

care (take care) v. kokeba [koh-keh-bah]

carry v. komema, kokumba [koh-meh-mah, koh-koom-bah]

carpenter n. kabinda [ka-bee-nda]

cartridge n. (firearm) lisasi [lee-sah-see]

carving n. motende [moh-ten-deh]

cassava n. nsongo [n-soh-n-goh]

cassava leaves n. (dish) mpondu, sakasaka [m-pon-doo, sa-ka-sa-ka]

cat n. pusi [poo-see]

catch v. kokanga [koh-kan-gah]

cemetery n. malita [mah-lee-tah]

century n. sekulo [seh-koo-loh]

centre n. (middle) kati [kah-tee]

ceremony n. ndulu [n-doo-loo]

chair n. kiti [kee-tee] (pl.) bakiti

change v. kobongola [koh-boh-n-goh-lah]

charcoal n. makala [mah-kah-lah]

cheap adj. mobobe [moh-boh-beh]

cheek n. (body) litama [lee-tah-mah]

chicken n. soso [soh-soh]

chief n. mokonzi [moh-koh-n-zee]

child n. mwana [m-wah-nah], (pl.) bana

chin n. mbanga [m-ban-gah]

choice n. boponi [boh-po-nee]

choose v. kopona [koh-po-nah]

christ n. kristo [kree-stoh]

christian adj./n. mokristo [moh-kree-stoh]

church n. ndaku ya nzambe [n-dah-koo ya n-zah-m-beh]

cigarette/cigar n. likaya [lee-kah-yah]

citizen n. mwana ekolo [mwa-nah eh-koh-loh]

city n. engumba [en-goom-bah]

class n. (school) kelasi [keh-lah-see]

clean 1. adj. petwa [pe-t-wah] 2. v. kopetwa [koh-peh-twa]

clear adj. polele [poh-leh-leh]

climate n. mikili [mee-kee-lee]

climb v. komata [koh-mah-tah]

clock n. ngonga [n-gon-gah]

close v. kokanga [koh-kah-n-gah]

closet n. etandaka [eh-ta-nda-kah]

cloth n. elamba [eh-lam-bah]

coast n. mopanzi [moh-pan-zee]

coat n. kazaka [kah-zah-kah]

coconut n. kokoti [koh-koh-tee]

coffee n. kawa [kah-wah]

cold 1. adj. malili [ma-lee-lee] 2. n. (med.) miyoyo [mih-yoh-yoh]

collect 1. v. kolokota, [koh-lo-koh'-toh] 2. v. zwa [z-wah]

colour adj. langi [lan-gee]

comb 1. n. lisanola [lee-sa-noh-lah] 2. v. kosanola [koh-sa-noh-lah]

come v. koya [koh-yah]

comfortable adj. sei [she-ee]
company n. kompani [kom-pah-nee]

complain v. kolela [koh-leh-lah]

concert n. ngombi [n-gom-bee]

concubine n. makango [mah-kan-goh]

confiscate v. kobotola [koh-boh-toh-lah]

constipation n. libumu likangani [lee-boo-moo lee-kan-gee]

cook v. kolamba [koh-lam-bah]

copper n. mitako [mee-ta-koh]

corn n. (maize) mboto [m-boh-toh]

corner n. (of room) litumu [lee-too-moo]

corpse n. ebembe [eh-bem-beh]

cotton n. koto [koh-toh]

cough 1 n. lokosu [loh-koh-soo] 2. v. kokosola [koh-koh-soh-lah] **count** v. (money etc.) kotanga [koh-tan-ga]

country n. (nation) ekolo [eh-koh-loh]

cousin n. ndeko [n-deh-koh]

cow n. ngombe [n-gom-beh]

crab n. lingatu [leen-gah-too]

cross v. kokatisa [koh-ka-tee-sah]

crowd n. likita [lee-kee-tah]

cry v. kolela [koh-leh-lah]

cup n. kopo [koh-poh]

cupboard n. etandaka [eh-tan-dah-kah]

cure v. (heal) kobowa [koh-bo-wah]

cut v. kokata [koh-kah-tah]

D

daily adv. ntangu nyonso [n-tan-goo n-yoh-soh]

dance 1. n. bobina [boh-bee-nah] 2. v. kobina [koh-bee-nah]

danger n. likama [lee-kah-mah]

dark adj. moindo, molili [moh-yeen-doh] [moh-lee-lee]

date n. (time) elaka [eh-lah-kah]

daughter n. mwana mwasi [m-wah-nah m-wah-see]

day n. mokolo [moh-koh-loh]

deaf adj. loko [loh-koh]

deceive v. kokosa [koh-koh-sah]

december n. - Sanza ya zomi na mibale [san-zah ya zoh-mee ya mee-bah-leh]

decide n. kokata likambu [koh-kah-tah lee-kam-boo]

declare - kosakola [koh-sa-koh-lah]

deep adj. bozindo [boh-zeen-doh]

delay v. koumela [koh-woo-meh-lah]

department n. etuka [eh-too-kah]

departure n. bokei [boh-ke-ee]

desert n. biliki [bee-lee-kee]

devil n. zabolo [zah-boh-loh]

diabetes n. bokono bwa sukali [boh-ko-no bwa soo-kah-lee]

dialect n. lokota [loh-koh-tah]

diamond n. libanga ya talo [lee-ban-gah yah tah-loh]

die v. kokufa [koh-koo-fah]

different adj. ekeseni [eh-keh-seh-neh]

difficult adj. - mpasi [m-pah-see]

dinner n. bile ya mpokwa [bee-leh-ee ya m-poh-k-wah]

dirty adj. bosoto [boh-soh-toh]

disease n. bokono [boh-koh-noh]

dislike v. koyina [koh-yee-na]

distance n. ntaka [n-tah-kah]

district n. (of town) etuka [eh-too'-kah]

do v. kosala [koh-sah-lah]

dock n. (wharf) libongo [lee-bon-goh]

doctor n. monganga [moh-n-gan-gah]

dog n. mbwa [m-b-wah]

door – efungoli ya ndaku [eh-foo-n goh-lee ya n-dah-koo]

doubt n. ntembe [n-tem-beh]

down adv. na nse [na- seh]

dowry n. mosolo [moh-soh-loh]

dream n. ndoto [n-doh-toh]

dress 1. n. elamba [eh-lam-bah] 2. v. (o.s.) kolata [koh-lah-tah]

drink 1. n. masanga [ma-sa-nga] 2. v. komela [koh-me-lah]

driver n. mokumbi motuka [moh-koom-bee moh-too-kah]

dry v. kokawuka [koh-kah-woo-tah]

dust n. putulu [poo-too-loo]

E

each adj. moko [moh-koh]

eagle n. engondo [en-goh-n-doh]

ear n. litoi [lee-toh-yee]

earring n. mpete ya matoi [m-peh-teh ya mah-toh-yee]

earth n. mabele [mah-beh-leh]

east adj. /n. monyele [mon-yeh-leh]

easter n. pasika [pah-see-kah]

easy adj. molembu [moh-leh-m-boo]

eat v. kolia [koh-lee-ah]

egg n. likei [lee-ke-ee]

eggplant n. ngungutu [n-goo-n-goo-too]

eight adj./n. muambe [m-wam-beh]

elder adj. yaya, nkulutu [ya-ya] [n-koo-loo-too]

electricity lotiriki [loh-tee-ree-kee]

emergency n. likama [lee-kah-mah]

empty adj. mpamba [m-pah-m-bah]

end n. nsuka [n-soo-kah]

enemy n. monguna [mon-goo-nah]

engine n. motele [moh-teh-leh]

enjoy v. kosepela [koh-se-peh-lah]

enough adj./adv. ekoki [eh-koh-kee]

enter v. kokota [koh-koh-tah]
entertainment n. lisano [lee-sa-noh]

even adv. ata [ah-tah]

evening n. mpokwa [m-poh-k-wah]

every adj. moko moko [moh-koh moh-koh]

everybody -oe pron. bato nyonso [ba-toh n-yoh-soh]

everyday adj. mikolo nyonso [mee-koh-loh n-yoh-soh]

everything pron. nyonso [n-yoh-soh]

everywhere n. bisika binso [bee-see-kah been-soh]

excuse n. bolimbisi [boh-lee-m-bee-see]

expensive adj. ntalo mingi [n-tah-loh meen-gee]

eye n. liso [lee-soh]

F

face n. elongi [eh-lon-gee]

factory n. maboma [mah-boh-mah]

faith n. (rel.) boyambi [boh-yam-bee]

fall v. kokueya [koh-k-weh-yah]

family n. libota [lee-boh-tah]

far adj. mosika [moh-see-kah]

farm n. elanga [eh-lan-ga]

farmer n. moto ya bilanga [moh-toh ya bee-lan-gah]

fast 1. n. (go without food) ntingo [n-tee-n-goh] 2. adj. (speed) mbangu [m-bun-goo]

fat adj. monene [moh-neh-neh]

father n. 1. (parent) tata [tah-tah] 2. (priest) sango [san-goh]

father-in-law n. bokilo mobali [boh-kee-loh moh-bah-lee]

fear 1. n. nsomo [n-soh-moh]

february n. sanza ya mibale [san-zah ya me-bah-leh]

feel v. koyoka [koh-yoh'-ka] : I feel well nayoki malamu [na-yoh'-kee ma-la'-moo]

festival n. (music etc.) eyenga [eh-yen-gah]

few adj. /pron. moke [moh-keh]

field n. lisala [lee-sah-lah]

fight 1. n. etumba [eh-toom-bah]

file n. (tool) mosiyo [moh-see-yoh]

fill v. kotondisa [koh-ton-dee-sah]

find v. kokuta [koh-koo-tah]

fine n. (penalty fare) lomande [loh-man-deh]

finger n. (body) mosapi [moh-sah-pee]

finish v. kosilisa, kosukisa [koh-see-lee-sah, koh-soo-kee-sah]

fire n. moto [moh-toh]

fish n. mbisi [m-bee-see]

fisherman n. mobomi-mbisi [moh-boh-mee m-bee-see]

fit v. kobonga, kolongobana [koh-bo-nga, koh-longo-ba-na]

five adj./n. mitano [mee-tah-noh]

fix v. kobamba [koh-bam-bah]

flag n. bendele [ben-deh-leh]

floor n. 1. (of room) mabele [mah-beh-leh] 2. (story) etalaka [eh-tah-lah-kah]

flour n. fufu, moteke [foo-foo, moh-teh-keh]

flower n. fulele [foo-leh-leh]

fly 1. n. (insect) mokangi [moh-kan-gee]

follow n. kolanda [koh-lan-dah]

food n. bilei [bee-leh-ee]

foot n. (body) lokolo [loh-koh-loh]

football n. ndembo [n-deh-m-boh]

footpath n. nzela ya makolo [n-zeh-lah ya mah-koh-loh]

forbid v. (prohibit) kopekisa [koh-peh-kee-sah]

foreigner adj. mopaya [moh-pah-yah]

forest n. zamba [zam-bah]

forget v. kobosana [koh-boh-sah-nah]

fork n. nkanya [n-kan-yah]

four adj. /n. minei [mee-neh]

free adj. mpamba [m-pam-bah]

friday n. mokolo ya mitano [moh-koh-loh yah mee-tah-noh]

friend n. moninga [moh-neen-gah]

frog n. mombemba [mo-bem-boh]

front n. liboso [lee-boh-soh]

fruit n. mbuma [m-boo-mah]

full 1. adj. tondi [ton-dee] 2. v. be full (up) kotonda [koh-ton-dah]

G

game n. 1. lisano [lee-sah-noh]

gasoline n. esanzi [eh-san-zee]

gazelle n. mboloko [m-boh-loh-koh]

geography n. zebi ya mokili [zeh-bee ya moh-kee-lee]

geology n. zebi ya mabanga [zeh-bee ya ma-ban-gah]

get v. (obtain) kozwa [koh-z-wah]

get down v. kokita [koh-kee-tah]

gift n. (present) libonza [lee-bon-zah]

ginger n. tangawisi [tan-gah-wee-see]

girl n. mwana mwasi [m-wan-nah m-wah-see]

give v. kopesa, kokaba [koh-pe-seh-lah, koh-kah-bah]

give to v. kopesela [koh-pe-seh-lah]

glad adj. kosepela [koh-se-peh-lah]

go v. kokende [koh-ken-deh]

go out v. kobima [koh-bee-mah]

go up v. komata [koh-mah-tah]

go down v. kokita [koh-kee-tah]

goat n. ntaba [n-tah-bah]

God n. Nzambe [n-zam-beh]

gold n. wolo [who-loh]

good adj. malamu [mah-lah-moo]

goodbye n. /int. 1. (bid farewell) kende malamu [ken-deh mah-lah-moo] 2. (stay well) tikala malamu [tee-kah-lah mah-lah-moo]

goods - n. biloko [bee-loh-koh]

grandfather n. tata nkoko [tah-tah n-koh-koh]

grandmother n. mama nkoko [ma-ma n-koh-koh]

grass n. matiti [mah-tee-tee]

grey adj. mbwi [m-b-wee]

green adj. langi ya pondu [lan-gee ya pon-doo]

ground n. mabele [mah-beh-leh]

groundnut n. nguba [n-goo-bah]

guava n. lipela [lee-peh-lah]

gun n. monduki [mon-doo-kee]

H

hair n. suki [soo-kee]
half n. ndambo [n-dam-boh]
hammer n. malato [ma-la-toh']
hand n. loboko [loh-boh-koh]
happiness n. esengo [eh-sen-goh]
harbour n. nsele [n-seh-leh]
hard adj. makasi [mah-kah-see]
hat n. (cap) ekoti [eh-koh-tee]
hate v. koyina [koh-yee-nah]
have v. kozala na [koh-za-lah-nah]
he pron. a [ah]
he is azali [ah-zah-lee]
head n. mutu [moo-too]
heart n. motema [moh-teh-mah]
heat n. molunge [moh-loon-geh]
heavy adj. mozito [moh-zee-toh]
help v. kosalisa [koh-sah-lee-sah]
her pron. ye [yeh]
herb n. lititi [lee-tee-tee]
here adv. awa [ah-wah]

hide v. 1. (sth) kobomba [koh-bom-bah] 2. (o.s.) kobombana [koh-bom-bah-nah]

high adj. molai [moh-lah-ee]

hill n. ngomba [n-gom-bah]

him pron. ye [yeh]

himself pron. ye moko [moh-koh]

hire v. kofutela [koh-foo-teh-lah]

his adj. ya ye [yah yeh]

history n. mokolo [moh-koh-loh]

hoe n. nkongo [n-kon-goh]

hold v. kosimba [koh-seem-bah]

hole n. libela [lee-beh-lah]

holiday n. eyenga [eh-yen-gah]

home n. ndaku [n-dah-koo]

honey n. mafuta ya nzoi [ma-foo-tah ya n-zoh-ee]

hope n. elikya [eh-lee-k-yah]

horn n. (of animal) liseke [lee-seh-keh]

hospital n. lopitalo [loh-pee-tah-loh]

hot adj. molunge [moh-loon-geh]

hotel n. lotele [loh-teh-leh]

hour n. ntango [n-tan-goh]

house n. ndaku [n-dah-koo]

how adv. boni [boh-nee]

humidity n. bobandu [boh-ban-doo]

hunger n. nzala [n-zah-lah]

hunting n. bokila [boh-kee-lah]

hurt v. (injure) kozoka [koh-zoh-kah]

husband n. mobali [moh-bah-lee]

I

I pron. na [nah]

I am nazali [nah-zah-lee]

illness n. bokono [boh-koh-noh]

immediately adv. sikoyo [see-koh-yo]

in prep. na, na kati [nah] [nah-kah-tee]

inform v. koyebisa [koh-yeh-bee-sah]

inject v. (med.) kotuba tonga [koh-choo-bah ton-gah]

inside prep. na kati [na-kah-tee]

insult v. kofinga [koh-feen-gah]

interpreter n. lingisi [leen-gee-see]

interview n. lisolo [lee-soh-loh]

invite v. kobyanga [koh-b-yan-gah]

island n. esanga [eh-san-gah]

it is pron. e [eh]

itch n. mokosa [moh-koh-sah]

ivory n. mpembe [m-peh-m-beh]

J

Jesus n. Yesu [yeh-soo]

jealousy n. zuwa [zoo-wah]

jug n. kopo [koh-poh]

july n. Sanza ya sambo [san-zah ya sa-m-boh]

jump v. kopimbwa [ko-peem-b-wah]

june n. sanza ya motoba [sanza ya mo-toh-bah]

K

kerosene n. (parrafin) pitolo [pee-toh-loh]

kettle n. mbilika [m-bee-lee-ka]

key n. fungola [foon-goh-lah]

kill v. koboma [koh-boh-mah]

kind adj. 1. (good) malamu [mah-lah-moo]

king n. mokonzi ya mobali [moh-kon-zee ya moh-bah-lee]

kiss v. kopwepwa [koh-pep-wah]

knife n. mbeli [m-beh-lee]

knock v. kobola [koh-boh-lah]

know v. koyeba [koh-yeh-bah]

L

ladder n. ebuteli [eh-boo-teh-lee]

lake n. etima [eh-tee-mah]

lamb n. mpata [m-pah-tah]

lame adj. motengoli [moh-ten-goh-lee]

lamp n. mwinda [m-ween-dah]

land n. mabele [mah-beh-leh]

language n. monoko [moh-noh-koh]

large n. monene [moh-neh-neh]

late 1. adj. umeli [woo-meh-lee]

laugh v. koseka [koh-seh-kah]

law n. mobeko [moh-beh-koh]

lazy adj. bolembu [boh-lem-boo]

leaf n. lokasa [loh-kah-sah]

learn v. koyekola [ko-yeh-koh-lah]

leave v. 1. (abandon) kotika [koh-tee-kah] 2. (go away) kokende [koh-ken-deh]

leg n. lokolo [loh-koh-loh]

lesson n. liteya [lee-the'-ya]

lemon n. ndimo [n-dee-moh]

letter n. mokanda [mo-kan-dah]

lie n. (untruth) lokuta [loh-koo-tah]

lie down v. kolala [koh-lah-lah]

life n. bomoi [boh-moh-ee]

light 1. n. mwinda [m-ween-dah] 2. adj. (weight) bozito te [boh-zee-toh-teh] 3. v. kopelisa [koh-peh-lee-sah]

like 1. conj. (as) lokola [loh-koh-lah] 2. adj. (similar) lokola [loh-koh-lah] 3. v. (desire, emotion) kolinga [koh-leen-gah]

limit n. nsuka [nsoo-kah]

line n. mokoloto [moh-koh-loh-toh]

listen v. koyoka [koh-yoh-kah]

little adj. muke [moh-keh] (diminutive) mwa [m-wah]

live v. kozala [koh-zah-lah]

living room n. esika ya masolo [eh-see-kah yah ma-soh-loh]

long adj. molai [moh-lah-ee]

look v. kotala [koh-tah-lah]

lorry n. kaminio [ka-mee-nee-o]

lose v. kobungisa [koh-boon-gee-sah]

lot: a lot (of) n. ebele [eh-beh-leh]

love 1. n. bolingo [boh-leen-goh] 2. v. kolinga [koh-leen-gah]

love each other v. kolingana [koh-leen-gah-nah]

luck n. konzo [kon-zoh]

lunch n. bile ya moi [bee-leh-ee ya moh-ee]

M

machine n. masini [mah-see-nee]

mad adj. kizengi [kee-zen-gee]

madam n. madamu [mah-dah-moo]

magic n. liloki [lee-loh-kee]

maid n. mosalisi mwasi [moh-sah-lee-see m-wah-see]

maize n. mboto [m-boh-toh]

make v. kosala [koh-sah-lah]

make-up n. monzele [mon-zeh-leh]

man n. moto/motu [moh-toh]

manager n. moyangeli [moh-yan-geh-lee]

many adj./pron. mingi, ebele [meen-gee, eh-beh-leh]

marabout n. (rel.) nkoko [n-koh-koh]

march n. sanza ya misato [san-zah ya me-sah-toh]

market zando [zan-doh]

marriage n. libala [lee-bah-lah]

marry v. kobala, kolonga [koh-bah-lah]

marsh n. (land) mobela [moh-beh-lah]

mass n. (church) misa [mee-sah]

mat n. litoko [lee-toh-koh]

match n. 1. (light) fofolo [foh-foh-loh] 2. (game) lisano [lee-sah-noh] **material** n. (cloth) elamba [eh-lam-bah]

matter n. likambo [lee-kam-boh]

may n. sanza ya mitano [san-zah ya mee-ta-noh]

may v. kokoka [koh-koh-kah]

me pron. ngai [n-gah-ee]

measure 1. n lomeko [loh-meh-koh 2. v. kopima [koh-pee-mah]

meat n. niama [n-ya-mah]

mechanic n. masiniki [ma-see-nee-kee]

medicine n. nkisi [n-kee-see]

meet v. kokutana [koh-koo-tah-nah]

meeting n. lisanga [lee-san-gah]

middle n. na kati [kah-tee]

midwife n. mobotisi [moh-boh-tee-see]

mile n. kilometele [kee-loh-meh-teh-leh]

milk n. mabele (mayi ya) mah-beh-leh]

mind n. mayele [mah-yeh-leh] =

mine pron. ya ngai [ya n-ga-yee]

mirror n. talatala [tah-lah-tah-lah]

miss v. (feeling) kozanga [koh-zan-gah]

mistake n. miko [mee-koh]

monday n. mokolo mwa mosala moko [moh-koh-loh m-wah mo-sah-lah moh-koh]

money n. mbongo [m-bon-goh]

month n. sanza [san-zah]

monument n. ekeko [eh-keh-koh]

moon n. sanza [san-zah]

more adj./n. lisusu [lee-soo-soo]

morning n. ntongo [n-ton-goh]

mosquito n. monkung [mon-koon-gee]

mosquito net n. mosikitele [moh-see-kee-teh-leh]

mother n. mama [mah-mah]

mother-in-law n. bokilo mwasi [boh-kee-loh m-wah-see]

motorbike n. tukutuku, moto [too-koo-too-koo] [moh-toh]

mountain n. ngomba [n-gom-bah]

mourning n. matanga [ma-tan-gah]

mouse n. mpoku [m-poo-koo]

mouth n. monoko [moh-noh-koh]

move v. koningana [koh-neen-gah-nah]

mr. n. mobali [moh-bah-lee]

mrs. n. madamu [mah-dah-moo]

mud n. potopoto [poh-toh-poh-toh]

museum n. ndaku ya ntoki [n-dah-koo ya n-toh-kee]

mushroom n. liyebu [lee-yeh-boo]

music n. miziki [mee-zee-kee]

must v. kosengela na [koh-sen-ge-le-nah]

mutton n. niama ya mpata [n-yah-mah ya m-pah-tah]

myself pron. ngai moko [n-gah-ee moh-koh]

N

naked adj. mitakala [mee-tah-kah-lah]

name n. nkombo [n-kom-boh]

narrow adj. moke [moh-keh]

nationality n. ekolo ya moto [eh-koh-loh ya moh-toh]

near adv. pembeni [pem-beh-nee]

neck n. nkingo [n-keen-goh]

need v. kozala na posa [koh-zah-lah nah poh-sah]

needle n. ntonga [n-ton-gah]

never adv. mokolo moko te [moh-koh-loh moh-koh teh]

new adj. ya sika [yah see-kah]

news n. nsango [n-san-goh]

next adj. mwa pene ekoya [m-wah-a peh-neh, eh-koh-ya]

nice adj. 1. (pretty) kitoko [kee-toh-koh] 2. (good) malamu [mah-lah-moo]

night n. butu [boo-too]

nine adj./n. libwa [lee-b-wah]

no adj./adv./n. te [teh]

nobody n. motu moko te [moo-too mo-koh teh]

noise n. makelele [mah-keh-leh-leh]

nose n. zolo [zoh-loh]

not adv. te [teh]

note n. 1. (money) biye [bee-yeh] 2. (music) noti [noh-tee]

notebook n. kaye [kah-yeh]

notice n. boyebisi [boh-yeh-bee-see]

nothing pron. eloko te, mpamba [eh-loh-koh teh [m-pam-bah] **november** n. sanza ya zomi na moko [san-zah ya zoh-mee nah moh-koh

now adv. sikoyo [see-koh-yoh]

number n. motango [moh-tan-goh]

nurse n. mokongeli-mokoni [moh-kon-geh-lee moh-koh-nee]

O

oasis n. liziba ya biliki [lee-zee-ba ya bee-lee-kee]

occasionally adv. mbala moko moko [m-bah-lah moh-koh moh-koh]

october n. sanza ya zomi [san-zah ya zoh-mee]

office n. esika ya mosala [eh-see-ka ya moh-sah-lah]

often adv. mbala mingi [m-bah-lah meen-gee]

oil n. mafuta [mah-foo-tah]

okra n. dongodongo [don-goh-don-goh]

old adj. ya kala [ya ka-la] mobange [moh-ban-geh]

on prep. o, na [oh, na]

once adv. mbala moko [m-bah-lah moh-koh]

one adj. moko [moh-koh]

onion n. litungulu [lee-toon-goo-loo]

only adv. nde [n-deh]

open v. kofungola [koh-foon-goh-lah]

orange n. lilala [lee-lah-lah]

other adj./ pron. mosusu [moh-soo-soo]

our adj. na biso [nah bee-soh]

ourselves pron. biso moko [bee-soh moh-koh]

out adv libanda [lee-ban-dah]

outside adv. na libanda [na lee-bun-dah]

owner n. nkolo [n-koh-loh]

P

pack v. kokanga koziba [koh-kan-gah] koh-zee-bah]

package n. (packet) liboke [lee-boh-keh]

pain n. mpasi [m-pah-see]

paint 1. n. mokobo [moh-koh-boh]

palace n. ndaku ya bakonzi [n-dah-koo ya ba-kon-zee]

palm n. 1. (tree) limbila [leem-bee-lah] 2. (leaf) ndele [n-deh-leh] 3. (wine) nsamba [n-sam-ba]

pants n. patalo [pah-tah-loh]

paper n. mokanda [moh-kan-dah]

pardon n. bolimbisi [boh-leem-bee-see]

parent n. moboti [moh-boh-tee]

parliament n. ebimisa-mibeko [eh-bee-mee-sah mee-beh-koh]

parrot n. nkoso [n-koh-soh]

part n. ndambo [n-dam-boh]

pass v. koleka [koh-leh-kah]

passport n. epesa nzela [eh-peh-sah n-zeh-lah]

path n. nzela [n-zeh-lah]

patient n. (in hospital) mokoni [moh-kon-ee]

pay v. kofuta [koh-foo-tah]

payment n. lifuta [lee-foo-tah]

peace n. boboto [boh-boh-toh]

peanut n. nguba [n-goo-bah]

pen, pencil n. ekomeli [eh-koh-meh-lee]

penis n. likata [lee-kah-tah]

people n. bato/batu [ba-toh] [bah-too]

petrol n. esanzi [eh-san-zee]

pharmacy n. magazini ma mino [ma-ga-zee-nee ma mee-noh]

photo n. foto [foh-toh]

piece n. eteni [eh-ten-ee]

pig n. ngulu [n-goo-loo]

pin n. pengele [pen-geh-leh]

place n. esika [eh-see-kah]

piquant adj. bokenzu [boh-ken-zoo]

pity n. mawa [mah-wah]

plant n. (botany) etoele [eh-toh-eh-leh]

plantain n. likemba [lee-kem-bah]

plate n. sani [sah-nee]

play v. kosakana [koh-sah-kah-nah]

please 1. v. (satisfy) kosepelisa [koh-seh-peh-lee-sah] 2. adv. palado, soki olingi [pah-lah-doh] [soh-kee-oh-leen-gee]

plot n. (land) lopango [loh-pan-goh]

pocket n. libenga [lee-ben-gah]

poison n. ngenge [n-geh-n-geh]

police n. mbila [m-bee-lah]

pork n. niama ya ngulu [n-yah-ma yah n-goo-loo]

possible adj. ekoki [eh-koh-kee]

potato n. mbala, libenge [m-bah-lah] [lee-ben-geh]

pottery n. mbele [m-beh-leh]

pound v. kotuta [koh-too-tah]

pour v. (liquid) kosopa [koh-soh-pah]

powder n. mputulu [m-poo-too-loo]

pray v. (rel.) kosambela [koh-sam-beh-lah]

prayer n. losambo [loh-sam-boh]

prefer n. kopono [koh-poh-noh]

pregnancy n. zemi [zeh-mee]

pretty adj. kitoko [kee-toh-koh]

president n. kumu wa liboso [koo-moo wa lee-boh-soh]

price n. ntalo [n-tah-loh]

pride n. enzombo, lofundu [en-zom-boh] [loh-foon-doo]

priest n. sango [san-goh]

prison n. boloko [boh-loh-koh]

problem n. likambo [lee-kam-boh]

promise v. kolala [koh-lah-kah]

proud adj. lolendo [loh-len-doh]

public adj./n. ya bato banso [ya bah-toh ban-soh]

pull v. kobenda [koh-ben-dah]

pumpkin n. ekutu [eh-koo-too]

purse n. libenga [lee-ben-gah]

push v. kopusa [koh-poo-sah]

put v. kotiya [koh-tee-yah]

Q

quarrel v. koswana [koh-s-wah-nah]

quarter n. (the last part) ya minei [yah mee-neh]

queen n. mokonzi mwasi [moh-kon-zee m-wah-see]

question n. motuna [moh-too-nah]

quick adj. mbango [m-ban-goo]

quickly adv. mbango, noki [m-bun-goo] [noh-kee]

quiet adj. nye [n-yeh]

R

rabbit n. nsimbiliki [n-seem-bee-lee-kee]

rain n. mbula [m-boo-lah]

rainbow n. monama [moh-nah-mah]

rat n. mpo [m-poh]

rate n. mbotana [m-boh-tah-nah]

raw adj. mobesu [moh-beh-soo]

reach v. (place) kokomela [koh-koh-meh-lah]

read v. kotanga [ko-tan-gah]

reason n. (cause) ntina, mayele [n-tee-nah] [mah-yeh-leh]

receive v. koyamba, kozwa [koh-boh-ya] koh-z-wah]

red adj. ngola [n-goh-lah]

refugee n. mokimeli [moh-kee-meh-lee]

refuse v. koboya [koh-boh-yah]

religion n. mambi ma nzambe [mam-bee ma n-zam-beh]

reduce v. (price) kobunola [koh-boo-noh-lah]

remember v. kokundola [koh-kun-doh-lah]

rent v. kofutela [koh-foo-the-lah]

repair v. kobamba [koh-bam-bah]

repent v. komima [koh-mee-mah]

rest v. n. bopemi [boh-peh-mee]

restroom n. kabine [kah-bee-neh]

return v. kozonga [koh-zon-gah]

rheumatism n. mingai [meen-gah-ee]

rice n. loso [loh-soh]

right 1. adj. (correct) sembo, molamu [sem-boh] [moh-lah-moo]

right adj. (hand, side etc) ya mobili [ya moh-bee-lee]

ring 1. n. lompete [loh-m-peh-teh] 2. v. (bell) kobeta ngonga [koh-beh-tah n-goh-n-gah]

ripe adj. (fruit) eteli [eh-teh-lee]

rise v. (get up) kotelema [koh-teh-leh-ma]

river n. ebale [eh-ba-leh]

road n. balabala [bah-lah-bah-lah]

roast v. kokalanga [koh-ka-lan-gah]

rock n. (stone) libanga [lee-ban-gah]

romantic adj. ya bolingo [ya boh-leen-goh]

roof n. motondo [moh-ton-doh]

room n. suku [soo-koo]

rope n. mokulu [moh-koo-loo]

rosary n. (rel.) sapele [sah-phe-leh]

rotten adj. zolongano [zoh-lon-gah-noh]

rub v. (massage) kokosa [koh-koh-sah]

rubber n. motope [moh-toh-peh]

ruin v. kobebisa [koh-beh-bee-sah]

run v. kopota [koh-poh-tah] (society) kobongisa [koh-bon-gee-sah] **run away** v. kokima [koh-kee-mah]

rusty adj. ya koguga [ya koh-goo-gah]

S

sad adj. mawa [mah-wah]

saint n. mosantu [moh-san-too]

salt n. mungwa, monana [mun-g-wah]

same adj. ata, mei, se, moko [ah-ta] [meh-ee] [seh] [moh-koh]

sand n. zelo [zeh-loh]

sandal n. lipapa [lee-pah-pah]

saturday n. Mokolo mwa poso [moh-koh-loh m-wah poh-soh]

say v. koloba [koh-loh-bah]

scarf n. litambala [lee-tam-bah-lah]

school n. eteyelo [eh-teh-yeh-loh]

science n. zebi [zeh-bee]

sculpture n. botendi [boh-ten-dee]

sea n. mbu [m-boo]

search for v. koluka [koh-loo-kah]

see v. komono, kotala [koh-moh-na] [koh-tah-lah]

sell v. koteke [koh-teh-keh]

seller n. moteki [moh-teh-kee]

send v. kotinda [koh-teen-dah]

separate v. kosesa [koh-seh-sah]

september n. sanza ya libwa [san-zah ya lee-b-wah]

servant n. boi [boy-ee]

seven adj. /n. nsambo [sam-boh]

sew v. kosono [koh-soh-noh]

sex n. bokali [boh-kah-lee]

shadow n. elili [eh-lee-lee]

shake v. (shiver) kolenga [koh-len-gah] (object) koningisa [koh-neen-gee-sah]

shape n. (form) lolenge [loh-len-geh]

share v. kokaba, kokabola [koh-kah-bah] [koh-kah-boh-lah]

sharp adj. (knife) mopotu [moh-poh-too]

shave v. kokolola [koh-koh-loh-lah]

she pron. a [ah]

she is azali [ah-za-lee]

sheep n. meme, mpata [meh-meh] [m-pah-tah]

shine v. kotan [koh-tah-nah]

ship n. masuwa [mah-soo-wah]

shock n. motutano [moh-too-tah-noh]

shoe n. sapatu [sah-pah-too]

shop n. magazin butiki [mah-gah-zen]

shore n. libongo [lee-bon-goh]

short adj. mokuse [moh-koo-seh]

shorts n. mogondo [moh-gon-doh]

shout v. konganga [koh-gan-gah]

shovel n. (spade) mpau [m-pah-oo]

show v. kolakisa, komonisa [koh-la-kee-sah] [koh-mon-ee-sah]

shut v. kanga [kan-gah]

sick adj. kobela [koh-beh-lah]

side n. mopanzi [moh-pan-zee]

sightseeing n. botali mboka [boh-tah-lee m-boh-kah]

sin n. sumuki [soo-moo-kee]

since adv. uta, banda [oo-tah] [ban-dah]

sing v, koyemba [koh-yem-bah]

singer n. moyembi [moh-yem-bee]

single n. (unmarried) nduma, mozemba [n-doom-bah] [moh-zem-bah]

sister n. ndeko mwasi [n-deh-koh m-wah-see]

sister-in-law n. semeki, bokilo [seh-meh-kee] [boh-kee-loh]

sit (down) v. kofanda [koh-fun-dah]

sitting room n. esika ya masolo [eh-see-kah ya ma-soh-loh]

six adj. /n. motoba [moh-toh-bah]

size n. lomeko, motango [loh-meh-koh] [moh-tan-goh]

skin n. loposo, pl. mposo [loh-poh-soh] [m-poh-soh

sky n. likolo [lee-koh-loh]

sleep v. kolala [koh-lah-lah]

sleepy adj. mpongi [m-pon-gee]

slippery adj. (road) boselu [boh-seh-loo]

slow, slowly adj. malembe [mah-lem-beh]

small moke [moh-keh]

smell n. nsolo [n-soh-loh]

smoke 1. n. molinga [moh-leen-gah] 2. v. komele likaya [koh-meh-le lee-kah-yah]

snail n. libelekete [lee-beh-leh-keh-teh]

snake n. nyoka [n-yoh-kah]

snow n. mai makangani [mah-ee mah-kan-gah-nee]

soap n. saboni [sah-boh-nee]

soft adj. petepete [peh-teh-peh-teh]

soldier n. soda [soh-dah]

some adj. (unspecified) moko [moh-koh]

somebody moto moko [moh-toh moh koh]

something n. eloko moko [eh-loh-koh moh-koh]

sometimes adv. mbala na mbala [m-bah-lah na m-bah lah]

son n. mwana mobali [mwa-nah moh-bah-lee]

song n. loyembo [loh-yeh-m-boh], (pl.) n-zemboh

soon adv. noki [no-kee]

sore n. bolozi [boh-loh-zee]

sorry adj. mawa [mah-wah]

soul n. (spirit) molimo [moh-lee-moh]

south adj./n. sudi [soo-dee]

sparrow n. mokengemboka [moh-ken-gem-boh-kah]

speak v. koloba [koh-loh-bah]

spectacles n. talatala [tah-lah-tah-lah]

spend v. (money) kosilisa mosolo [koh-see-lee-sah moh-soh-loh]

sperm n. momboto [mom-boh-toh]

spicy adj. bokenzu [boh-ken-zoo]

spirit n. elimo [eh-lee-moh]

spit v. kotwa [koh-twa-ah]

sponge n. limbusu [leem-boo-soo]

spoon n. lutu [loo-too]

sport n. lisano [lee-sah-noh]

spring n. 1. (water) liziba [lee-see-bah] 2. (season) eleko ya mbula [eh-leh-koh ya m-boo-lah]

stand (up) v. kotelema [koh-teh-leh-mah]

star n. monzoto [mon-zoh-toh]

start v. kobanda [koh-ban-dah]

station n. loteme [loh-teh-meh]

stay v. (remain) kotikala [koh-tee-kah-lah]

steal v. koyiba [koh-yee-bah]

stick 1. n. nzete [n-zeh-teh] 2. v. (to sth) kobandema [koh-ban-deh-mah]

still adv. se, naino [nah-noh]

sting n. (of insect) monzube [mon-zoo-beh]

stomach n. libumu [lee-boo-moo]

stone n. libanga [lee-bna-gah]

stool n. (seat) ebonga [eh-bon-gah]

stool n. (pl.) (med.) nyei, [n-yeh]

stop v. kotika [koh-tee-kah]

store n. magazin [mah-gah-zen]

storm n. ekumbaki [eh-koom-bah-kee]

straight adj. semba [sem-bah]

stranger n. mopaya [moh-pah-yah]

street n. balabala [bah-lah-bah-lah]

string n. nsinga [n-seen-gah]

strong adj. makasi [mah-kah-see]

stubborn adj. moto makasi [moh-toh ma-kah-see]

student n. moyekoli [moh-ye-koh-lee]

study v. koyekola [koh-yeh-koh-lah]

suffer v. koyoka mpasi [koh-yoh-kah m-pah-see]

sugar n. sukali [soo-kah-lee]

suit n. (costume) molato [moh-lah-toh]

summer n. eleko ya moi makasi [eh-leh-koh ya moh-ee mah-kah-see] **sun** n. moi [moh-ee]

sunday n. mokolo [moh-koh-loh m-wah eh-yen-gah]

surprise n. bokamwi [boh-kam-b-wee]

swamp n. mokili potopoto [moh-kee-lee poh-toh-poh-toh]

sweat n. kotoka [koh-toh-kah]

sweep v. kokomba [koh-kom-bah]

sweet 1. adj. elengi [eh-len-gee]

swim v. kobete mai [koh-beh-teh mah-yee

switch off v. (light) koboma [koh-boh-mah]

switch on v. kopelisa [koh-peh-lee-sah]

T

table n. mesa [meh-sah]

tail n. (of animal) mokondo [moh-kon-doh]

take v. kokamata [koh-ka-mah-tah]

talk v. koloba [koh-loh-bah]

tall adj. molai [moh-la-ee]

taste 1. n. (good) elengi [eh-len-gee] 2. v. komeka [koh-meh-kah]

tax n. ntako [n-tah-koh]

tea n. ti [tee]

teach v. koteya, kolakisa [koh-teh-yah] [koh-lah-kee-sah]

teacher n. molakisi [moh-lah-kee-see]

teapot n. mbilika [m-bee-lee-kah]

television n. televizyo [teh-leh-vee-z-yoh]

tell v. koyebisa [koh-yeh-bee-sah]

ten adj./n. zomi [zoh-mee]

temple n. ndako-Nzambe [n-dah-koh N-zam-beh]

tent n. ema [eh-ma]

than conj. koleka [koh-leh-kah]

thank v. kotondo, kosima [koh-ton-doh] [koh-see-mah]

thank you botondi, melesi [boh-ton-dee] melesi [meh-leh-see]

that 1. adj./pron. yango [yan-goh]; that thing. Eloko wana [eh-loh-koh wah-nah]

theft n. boyibi [boh-yee-bee]

their adj. ya bango [yah ban-goh]

therefore adv. ko, nde [koh] [n-deh]

they pron. ba [bah]

they are bazali [bah-zah-lee]

thick adj. mbinga [m-been-gah]

thief n. moyibi [moh-yee-bee]

thin adj. moke [moh-keh]

thing n. eloko [eh-loh-koh], (pl.) biloko

think v. kokanisa [koh-kan-ee-sah]

thirst n. mposa [m-poh-sah]

this adj./pron. oyo [oh-yoh]

those adj. / pron. bango [ban-goh]

thread n. busi [boo-see]

three adj. /n. misato [mee-sah-toh]

throat n. mongongo [mon-gon-goh]

through 1. prep. na [nah] 2. v. go through (forest etc.) kokatisa [koh-ka-tee-sah]

throw v. kobwaka [koh-b-wah-kah]

thunder n. nkaki [n-kah-kee]

thursday n. mokolo ya minei [moh-koh-loh ya mee-neh]

ticket n. 1. tike [tee-keh]

time n. 1. ntango [n-tah-goh] 2. (period) eleko [eh-leh-koh] 3. (occasion) mbala [m-bah-lah]

tobacco n. likaya, tumbako [lee-kah-yah]

today adv. lelo [leh-loh]

toe n. monsai [mon-sah-ee]

together adv. elongo [eh-lon-goh]

toilet n. (w.c.) libulu [lee-boo-loo]

tomato n. tomati [toh-mah-tee]

tomorrow adv./n. lobi [loh-bee]

tongue n. (body) lolemu [loh-leh-moo]

tonight adv. na butu [na boo-too]

too adv. 1. (also) mpe [m-peh] 2. (excessively) mingi [meen-gee]

tool n. esaleli [eh-sah-leh-lee]

tooth n. lino [lee-noh]

toothpick n. mombai [mom-bah-ee]

top n. likolo [lee-koh-loh]

tortoise n. nkoba [n-koh-bah]

touch v. kosimba [koh-seem-bah]

tough adj. makasi [mah-kah-see]

tourism n. botali mboka [boh-tah-lee m-boh-kah]

towards prep. na [nah]

towel n. epangusi mayi [eh-pan-goo-see mah-ee]

tower n. ngala [n-gah-lah]

town n. mboka enene, engumba [m-boh-kah eh-neh-neh] [eh-n-goom-bah]

trade n. mombongo [mom-bon-goh]

tradesman n. mosali mombongo [moh-sah-lee mon-bon-goh] **traditional** adj. ya bankoko [ya ban-koh-koh]

train n. engbunduka [en-g-boon-doo-kah]

transform v. kobongola [koh-bon-goh-lah]

travel 1. n. mobembo [moh-beh-m-boh] 2. v. kobemba [koh-bem-bah]

traveller n. mobembi [moh-bem-bee]

tree n. mwete [m-weh-teh]

truck n. (vehicle) kaminio [ka-mee-nee-oh]

true adj. solo, mpenza [soh-loh] [m-peh-n-zah]

truth n. bosolo [boh-soh-loh]

try v. komeka [koh-meh-kah]

tuesday n. mokolo mwa misala mibale [moh-koh-loh m-wah mee-sah-lah mee-bah-leh]

turbulent adj. (person) mobulu [moh-boo-loo]

turn v. kobalusa [kok-bah-loo-sah]

twice adv. mbala mibale [m-ba-la mee-ba-leh]

twin n. lipasa [lee-pah-sah] (pl.) mapasa [mah-pah-sah]

twist v. (arm) kokamola [koh-kah-moh-lah]

two adj./n. mibale [mee-bah-leh]

U

ugly adj. mabe [mah-beh]

umbrella n. longembu [lon-gem-boo]

uncle n. noko [noh-koh]

under prep. na nse [nah n-seh]

understand v. koyoka [koh-yoh-kah]

undress v. kobotolo elamba [koh-boh-toh-la eh-lam-bah]

university n. kelasi monene [keh-la-see moh-neh-neh]

unpack v. kokangola [koh-kan-goh-lah]

until prep. tee [tee]

up, upstairs adv. na likolo [na lee-koh-loh]

urine n. masuba [mah-soo-bah]

us pron. biso [bee-soh]

use v. kosalela [koh-sa-leh-sah]

useful adj. ya tina [yah tee-na]

usual adj. ya momeseno [ya moh-men-soh]

V

vagina n. libolo [lee-boh-loh]

valley n. mbwaku [m-b-wah-koo]

value n. ntalo, motuya [n-tah-loh] [moh-too-yah]

vegetable n. ndunda [n-doo-n-dah]

veranda n. mbalasani [m-bah-lah-sah-nee]

very adv. mingi [meen-gee]

village n. mboka [m-boh-kah]

visit n. botali, lipaya [boh-tah-lee] [lee-pah-yah]

visitor n. mopaya [moh-pah-yah]

voice n. lolaka [loh-lah-kah]

volcano n. ngomba-moto [n-gom-boh moh-toh]

vomit v. kosanza [koh-san-zah]

W

wait v. kozila [koh-zee-lah]

walk v. kotambola [koh-tam-boh-lah]

wall n. efelo [eh-feh-loh]

want v. kolinga [koh-leen-gah]

war n. etumba [eh-toom-bah]

warm adj. molunge [#moh-loon-geh]

wash v. kosukola [koh-soo-koh-lah]

watch 1. n. (clock) sa [sah] 2. v. kotala [koh-tah-lah]

watchman n. mokengeli [moh-ken-geh-lee]

water n. mai [mah-ee]

waterfall n. meta, boeta [meh-tah] [boh-eh-tah]

way n. 1. (route) nzela [n-zeh-lah] 2. (manner) ndenge [n-deh-n-geh] **we** pron. to [toh]

weak adj. motau [moh-tah-oo]

wear v. kolata [koh-lah-tah]

weather n. eleko [eh-leh-koh]

wednesday n. mokolo mwa misala misato [moh-koh-loh m-wah mee-sah-lah mee-sa-too]

week n. mposo [m-poh-soh]

weight n. bozito [boh-zee-toh]

welcome 1. int. / n. boyei boolamu [boh-yeh-ee] [boh-lah-moo] 2. v. koyamba [koh-yam-bah]

well 1. adv. malamu [ma-lah-moo] 2. n. (water) libela [lee-beh-lah] **west** adj. /n. elozi [eh-loh-zee]

wet 1. adj. mai-mai [mah-ee-mah-ee] 2. v. get wet kopola [koh-po-lah]

what adj./pron. nini [nee-nee]

wheel n. yika [yee-kah]

when 1. adv. tango [tan-goh] 2. conj. soki [soh-kee]

where adv./pron. wapi [wah-pee]

which adj. /pron. nini, nani [nee-nee] [nah-nee]

white 1. adj. mpembe [m-peh-m-beh] 2. n. (person) mondele [mon-deh-leh]

who, whom pron. nani [nah-nee]

why adv. mpona nini [poh-nah nee-nee]

wide adj. monene [moh-neh-neh]

widow n. mwasi ya mokbya [m-wah-see ya moh-k-b-yah]

widower n. mobali wa mokbya [moh-ba-lee ya moh-k-b-yah]

wife n. (spouse) mwasi ya libala [m-wah-see ya lee-bah-lah]

wild adj. zamba, mosenzi [za-m-bah] [moh-sen-zee]

win v. kolonga [koh-lon-gah]

161

wind n. mopepe [moh-peh-peh]

window n. lininisa [lee-nee-nee-sah]

wine n. masanga [mah-san-gah]

wing n. lipapu [lee-pah-poo]

wish v. kotombela [koh-tohm-beh-lah]

witch n. ndoki [n-doh-kee]

with prep. na [nah]

without adv. tango [tan-goh]

witness n. nzeneneke [n-zeh-neh-neh-keh]

woman n. mwasi [m-wah-see]

wonderful adj. likamwisi [lee-kam-wih-see]

wood n. nzete [n-zeh-teh]

word n. liloba [lee-loh-bah]

work 1. n. mosala [moh-sah-lah]

world n. mokili [moh-kee-lee]

worm n. monkusu [mon-koon-soo]

worry v. kopangana [koh-pan-gah-nah]

wound n. (cut) mpota [m-poh-tah]

wrap v. koziba [koh-zee-bah]

write v. kokoma [koh-koh-mah]

wrong 1. adj. (incorrect) miko [mee-koh]

Y

yam n. ekeke [eh-keh-keh]

yard n. (measure) yadi [yah-dee]

year n. mbula, mobu [m-boo-lah] [moh-boo]

yellow adj. bondobo [bon-doh-boh]

yes adv. i [ee]

yesterday adv. lobi eleki [loh-bee-eh-leh-kee]

yet adv. (still) naino [nah-noh]

you pron. 1. (subj.) o [oh]

young adj. elenge [eh-len-geh]

younger adj. leki [leh-kee]

yours adj./pron. ya yo [yah-yoh]

yourself pron. yo moko [yoh moh-koh]

youth n. bolenge [boh-len-geh]

Z

zone n. esika [eh-see-kah]

zoo n. etuka ya banyama ya zamba [eh-too-kah ya ban-yah-ma yan-zam-bah]